Ratko Zvrko

Grga Čvarak

ilustrirao Tomislav Torjanac

Mozaik knjiga

Da upitaš bilo koga
u mom kraju,
Zelengaju:

– Tko sve radi naopačke,
tko iz praćke gađa mačke,

tko lastina gnijezda skida,
tko preskače preko zida,

tko kokoši za rep vuče,
tko se s djecom stalno tuče,

spreman da u svađi plane
k'o ugarak?

Odgovor će uvijek biti:
–Grga Čvarak.

Al' da pitaš u mom Kraju,
Zelengaju,
isto tako:

–Tko je cijele noći skak'o
da bolesnoj majci dade
aspirine, limunade,

i da pitaš isto tako:
tko je jako, jako plak'o
zato što se Mila mala
po koljenu ogrebala
kad je pala
čak u jarak?

Odgovor će uvijek biti:
–Grga Čvarak.

Što je takav?
Tko bi znao?
Čas je dobar,
čas je zao,

čas bi svakom srce dao,
a čas bi se s vukom klao,

mršav, tanak k'o suharak
–Grga Čvarak.

M 285 315

Napisao:
Ratko Zvrko

Oslikao i grafički oblikovao:
Tomislav Torjanac

Uredio:
Zoran Maljković

Izdavač:
Mozaik knjiga d.o.o., Zagreb

Za izdavača:
Bojan Vidmar

Tisak:
Radin print d.o.o., Zagreb
studeni 2011.